Contraste insuffisant
NF Z 43-120-14

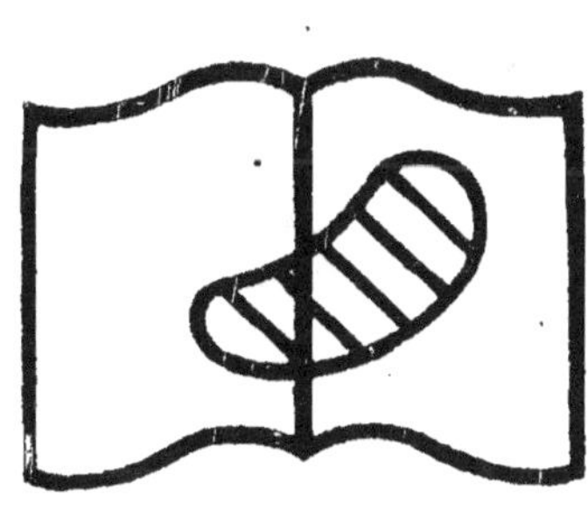

Illisibilité partielle

Valable pour tout ou partie
du document reproduit

Original en couleur

NF Z 43-120-8

Couverture inférieure manquante

A LA MÉMOIRE

DE

SAMUEL-LOUIS

MESCHINET DE RICHEMOND,

OFFICIER SUPÉRIEUR DE LA MARINE

(1785-1868.)

PAGES INTIMES DÉDIÉES A SA FAMILLE.

« La vraie piété est la base du bonheur ! »
De R.

LA ROCHELLE,

TYPOGRAPHIE DE G. MARESCHAL, RUE DE L'ESCALE, 20.

1868

A LA MÉMOIRE

DE

SAMUEL-LOUIS

MESCHINET DE RICHEMOND,

OFFICIER SUPÉRIEUR DE LA MARINE

(1783-1868.)

PAGES INTIMES DÉDIÉES A SA FAMILLE.

> « La vraie piété est la base du bonheur ! »
>
> De R.

Dans l'amertume déchirante d'une douloureuse séparation, un seul sentiment est puissant et efficace pour nous consoler et nous relever, c'est la certitude, par la foi, du revoir éternel auprès de Dieu. « Christ a mis en évidence la vie et l'immortalité par l'Évangile : Il est la résurrection et la vie, celui qui croit en Lui vivra quand même il serait mort, et quiconque vit et croit en Lui ne mourra point pour toujours. » Tels sont les fondements de nos espérances et de notre paix.

Toutefois, on trouve une douce consolation à revivre par le souvenir avec les bien aimés qui nous ont devancés au ciel, à réunir dans leur fraîcheur et à conserver religieusement tous les vestiges d'un passé qui est si précieux. Cet allégement de la douleur devient un devoir de la piété filiale. Si on aime à retrouver l'image des traits de celui que l'on pleure, on est plus heureux encore de conserver l'image aimée et vénérée de sa physionomie morale dégagée des actes et des événements d'une vie chrétienne dignement remplie : saint héritage légué comme un exemple à suivre, sous le regard de Dieu. Il y a une tradition de foi et d'honneur à perpétuer. Quoique mort, le défunt parle encore par l'ensemble de sa vie ; il a tracé une ligne de conduite, il importe de recueillir ce suprême enseignement. Ces pages émues, si éloignées de ce qu'elles devraient être, car l'on peint mal ce que l'on sent trop vivement, cette esquisse imparfaite d'un pieux hommage ne doit pas sortir de l'intimité de la famille à laquelle elle est dédiée ; car là, du moins, le cœur suppléera aux trop nombreuses lacunes du tableau.

I.

Il est intéressant d'évoquer les souvenirs qui présidèrent à la naissance de *Samuel-Louis* MESCHINET DE RICHEMOND. Il faut demander à son entourage, au milieu dans lequel il fut élevé et dans lequel il grandit, le secret de l'éducation sérieuse qu'il reçut et des principes religieux qui dominèrent toute sa vie. La foi doit être sans doute personnelle ; mais elle se développe avec une plus grande facilité dans un terrain bien préparé ; elle pénètre plus profondément, plus rapidement les âmes où elle a été semée de bonne heure, où elle se rattache aux plus douces et aux plus saintes affections de la famille, et aux ineffaçables souvenirs de l'enfance.

Le nom de la famille Meschinet figure sur les plus anciens registres de l'Église Réformée de Saintes, qui soient parvenus jusqu'à nous. Cette famille de robe, qui occupait un rang distingué au barreau du Présidial, siégeait au Consistoire de l'Église, qui comptait Bernard Palissy au nombre de ses plus fervents apôtres. Tous les faits que nous connaissons, toutes les lettres écrites à diverses époques par les représentants de cette maison attestent d'austères et vivantes convictions. Le cinquième aïeul (1) de celui que nous pleurons, Samuel, contrôleur de la maison du prince de Condé, préféra, en 1611, se laisser condamner à une amende et à la prison, plutôt que d'accomplir un acte qui répugnait à sa conscience éclairée par la parole de Dieu. Son aïeul, Samuel-Michel-David, avait consacré, dans son logis de Thairé, une salle pour servir de lieu de culte à ses co-religionnaires privés de temple. Son père, Samuel-Pierre, partageait ces sentiments religieux, avec sa femme, Henriette Boué, issue de réfugiés français, fixés à Hambourg après la révocation de l'Édit de Nantes, et leur premier soin fut de donner à leurs enfants une éducation chrétienne et de leur inspirer une piété éclairée. La sanction de l'épreuve confirma la vivacité et la solidité de leurs principes. Des neuf enfants de M. et Mme de Richemond, le Seigneur en reprit cinq en bas-âge : Pierre-Samuel (29 avril 1770 — 9 janvier 1783). — Pierre-César (12 septembre 1773 — 4 septembre 1775). — Jean-Émile (3 juin — 4 décembre 1775). — Albert-Marie-Émile (9 janvier 1777 — 19 novembre 1779). — Pierre - Henri (28 décembre 1778 — 27 avril 1780).

Les quatre survivants furent :

1° Marie-Anne-*Henriette*, née le 8 novembre 1768, baptisée par le pasteur J. Jay ; elle vécut jusqu'au 12 mars 1794 et seconda sa mère dans l'éducation de ses frères et sœurs ;

2° Marie-Anne-Alexandrine (*Nancy*), née le 24 septembre 1771, baptisée le 30 du même mois par le pasteur

(1) Voici, d'après les notes de celui dont nous retraçons la vie, la filiation directe et suivie de sa famille : 1° Daniel. — 2° Michel ? — 3° Samuel épousa C. Bigot et bâtit en 1601 le logis de Richemond (p^{sse} d'Écurat). — 4° Jacques, avocat, épousa R. Merlin. — 5° Joseph épousa en 1672 M. Dumorisson. — 6° Samuel-Joseph épousa, le 26 décembre 1700, S. Oualle, et mourut en 1750. — 7° Samuel-Michel-David (1714-1787) épousa, le 20 septembre 1738, M.-A.-E. de Missy (1713-1779). — 8° Samuel-Pierre (1740-1807) épousa, le 15 février 1768, H. Boué (1741-1800). — 9° Samuel-Louis (1783-1868). Sceau de la famille en 1650 : « Un pin (ou chêne) sénestré d'un lion grimpant. »

Martin, et mariée, le 28 août 1796, à Rodolphe-Samuel Meyer, de Blankenbourg, négociant, puis courtier de navires interprète (18 mars 1802), dont elle eut onze enfants ;

3° Pérette-Henriette-*Fanny*, née le 7 janvier 1781, baptisée le lendemain par le pasteur Bétrine, et qui épousa, le 27 mai 1811, Jean-Baptiste-François-Claude de l'Angle, chevalier de Saint-Louis, chef de bataillon d'état-major. Ils eurent une fille ;

4° Samuel-Louis, qui fait l'objet de cette notice.

Voici la teneur de son acte de baptême :

« Du 11 juin 1783, ce jour a été baptisé par nous pasteur soussigné, Samuel-Louis, né du jour d'hier, fils légitime de sieur Samuel-Pierre Meschinet de Richemond, négociant, et de dame Henriette Boué, son épouse, demeurant à la Rochelle, paroisse Saint-Barthelemy. Le parrain a été sieur Samuel-Pierre-Joseph-David de Missy (1), négociant, cousin de l'enfant, et la marraine dame Suzanne-Louise Deschazeaux, épouse du sieur Jean-Jacques Garnault, négociant. En présence du père et de la mère de l'enfant ; de demoiselles Marie-Anne-Henriette et Marie-Anne-Alexandrine Meschinet de Richemond, ses sœurs ; demoiselle Élisabeth-Henriette de Missy, sa cousine ; et des sieurs Guillaume Bouffar et Auguste Maneau, négociants, résidant dans ladite ville, qui ont tous signé avec nous. (Signé) « Voulan, pasteur, etc. »

La santé du jeune Samuel, très-délicate dans son enfance, ne se fortifia qu'à force de soins et d'affection. Au milieu des scènes émouvantes de la Révolution, il reçut de son père, de sa mère et de sa sœur Henriette, sa première éducation, et compléta ses études sous la direction de M. Gaudin. Sa jeunesse se passa dans la maison paternelle, située dans la rue Dompierre ou Fleuriau, puis dans la maison qui forme l'angle des rues Saint-Jean et des Carmes, et au logis de Thairé. Le jeune Samuel, que

(1) Né à la Rochelle le 30 octobre 1755, passa à l'Ile de France pour se livrer au commerce. Il revint en 1782 à la tête d'une belle fortune, dont il fit un noble usage. Il a toujours été attaché à la famille de Richemond. Négociant-armateur jusqu'en 1793, il fut successivement député de l'Ile de France à l'Assemblée constituante, maire de la Rochelle (1794-1798), conseiller général (1801). sous-préfet de l'arrondissement de la Rochelle (1802-1804), membre de la Légion-d'Honneur, chevalier de l'Empire, député au Corps législatif (1808-1808), colonel de la garde nationale, président du collége électoral EST de la Rochelle, depuis 1808. Il avait épousé, le 7 novembre 1792, Marie-Louise-Esther Liège, dont il eut deux filles : 1° Amélie, mariée, le 29 février 1816, au colonel André-Jacques-Elisabeth de Lafont; 2° Louise-Laure, qui épousa, le 30 août 1821, Jacques-Robert-Edouard Compéré de Monbrison. De Missy mourut le 3 octobre 1820

ça famille désignait souvent aussi du nom patronymique
e Meschinet, se rendit à Rochefort, pour y suivre les
leçons de M. de Lespin et le cours de M. Ch. Romme,
professeur distingué, ancien membre correspondant de
l'Institut (Académie des sciences), qui préparait les
élèves se destinant à la marine, et, le 23 septembre
1799, il entra, comme novice, dans la marine militaire et fut embarqué sur la bombarde le *Sphinx*, jusqu'au 23 juin 1800. Tout en suivant les cours de mathématiques et de navigation, il se livrait à l'étude de l'anglais
et du dessin et traduisait les lettres de lord Chesterfield
à son fils, évitant, suivant la recommandation de son père,
« toute mauvaise lecture qui ne peut que gâter l'esprit. »
A la suite de brillants examens, Meschinet reçut, le 15
vendémiaire an IX, le brevet d'aspirant de la marine de
seconde classe et fut embarqué successivement sur le
vaisseau le *Foudroyant*, capitaine Bérard (17 novembre
au 9 décembre 1800), sur le cutter le *Renaud*, capitaine
Chevillard fils (10 décembre 1800 au 30 janvier 1801), ces
deux navires en station en rade de l'île d'Aix, et le second
convoyeur, et enfin, le 31 janvier 1801 sur la frégate
l'*Embuscade*, capitaine Fradin. Ce navire était de la division, partie de Rochefort, sous les ordres de l'amiral
Latouche-Tréville, pour reconquérir Saint-Domingue.
C'était la première séparation. Voici les lettres touchantes
qu'il reçut de sa sœur et de sa mère à cette occasion :

(22 mars 1802.) « Tes lettres, mon cher et bon Meschinet, nous font toujours le plus grand plaisir. Maman
a bien reçu celle du 28 où tu nous marques avoir de bons
camarades ; tâche, mon bon ami, de te concilier leur
amitié par ta complaisance et surtout de gagner l'estime
de tes supérieurs par ton exactitude à remplir tes devoirs.
... Adieu, cher Meschinet, je n'ai jamais tant pensé à la
fable des *Deux Pigeons* que depuis l'équinoxe. Mon frère
a-t-il tout ce qu'il veut, bon souper, bon gîte ? Il me
semble que tu dois être bien agité. » NANCY.

(27 mai 1801.) « Puisse la bonne Providence te protéger à chaque instant du jour ! J'implore sa protection
pour mon fils bien-aimé, pour qu'il se conduise de manière à mériter l'estime des hommes par ses soins et la
bénédiction céleste. J'ai faim et soif du plaisir de te voir. »
— MESCHINET, née BOUÉ.

» 19 juin 1801.

» Mon cher fils, la lettre où tu nous flattois du plaisir de te voir m'avoit mis un baume dans le cœur, ta dernière m'y a tiré une flèche. Cher, très-cher enfant, puissent mes vœux être exaucés et que j'aie le bonheur de te revoir!... Je ne peux rien faire pour toi, mais le Père des humains daignera te prendre sous sa protection. Il a déjà fait beaucoup pour toi en t'inspirant des inclinations honnêtes. Tu as, grâce à Dieu, échappé à bien des accidents. Espérons tout de sa bonté... Cher et bien-aimé objet de ma plus tendre affection, tu n'as pas besoin de nous recommander de penser à toi; pour mon bonheur, tu devrais faire le vœu contraire. Adieu donc, mon cher enfant, crois que jamais fils n'a été plus aimé de sa mère que tu l'es de ta très-faible et très-affligée maman qui n'a pas la force de continuer à t'écrire et qui, toute sa vie, sera ta meilleure amie. »

Une grande épidémie de fièvre jaune, dont M. Bally a donné l'histoire en 1814, sévit en 1802 sur l'île de Saint-Domingue et enleva quarante mille Français, tant dans l'armée de terre que dans l'armée navale. De Richemond fut atteint par le fléau et il n'échappa à la mort que par une de ces délivrances, où il est impossible de ne pas reconnaître la main miséricordieuse de Dieu.

Ce n'est pas ici le lieu de raconter l'expédition de Saint-Domingue.

La frégate l'*Embuscade* assista aux prises du Port-au-Prince et du fort Dauphin, pour protéger le débarquement des troupes. Meschinet, pendant l'attaque du premier de ces points, fut choisi pour remorquer jusque sous les canons du fort Bizoton le radeau chargé des pièces d'artillerie de siége. Au moment de l'occupation du Port-au-Prince, il commanda, pendant quinze jours, un âcon armé pour empêcher le passage des nègres insurgés. Dans ses croisières sur la côte, l'*Embuscade* arrêta à la mer trois navires suspects. Le commandement de la goëlette espagnole la *Marguerite* allant de Cuba au Port-au-Prince (14 avril 1802), et celui de la felouque espagnole la *Flore* allant de la Jamaïque au Port-au-Prince (29 juillet 1802), furent confiés à l'aspirant Meschinet qui les conduisit à bon port. Il fut ensuite chargé de remettre des paquets au contre-amiral Latouche-Tréville, commandant les forces navales à Saint-Domingue, et de lui rendre compte d'une expédition à l'Artibonite. Dans la nuit, une goëlette de l'État fut attaquée par une centaine de pirogues de nègres insurgés, dans la baie que Meschinet venait de traverser sans accident. Il fit aussi partie des descentes et des incursions dirigées contre les rebelles, notamment à l'Artibonite, dans la rivière Massacre et au Tronc du Port. Sous la fusillade des nègres embusqués derrière les rochers, il s'empara de plusieurs pirogues et dégagea son collègue Labersière.

Voici, d'après son journal de campagne, quelques détails sur cette expédition :

Le 13 décembre 1802, la frégate appareilla de la rade du fort Dauphin, pour aller prendre et détruire les embarcations des nègres révoltés, à l'embouchure de la rivière de Maribou, et mettre le feu au village du même nom. Une compagnie de grenadiers du 86° devait faire une descente, mais le vent fraichit, la mer devint grosse. La frégate mouilla à la nuit dans le fond de la baie de Manceuil. Le lendemain, elle prit position en face du village, sur lequel elle envoya deux volées. Les enseignes de vaisseau Fourré et Étienne, les aspirants Meschinet de Richemond et Labersière commandèrent la chaloupe et les trois canots. Les nègres voulurent s'opposer au débarquement, mais quelques coups d'espingole et de pierrier firent taire leur fusillade. Les troupes furent envoyées en avant pour éclairer les environs du village, tandis que les marins coupaient les mauvaises pirogues et mettaient les bonnes à la mer. Fourré en arma deux, dont il donna le commandement aux deux aspirants, qu'il rejoignit bientôt, avec ordre de remonter la rivière et de capturer toutes les embarcations des rebelles. A un quart de lieue de l'embouchure, ils en trouvèrent deux coulées. Meschinet s'occupa de les mettre à flot au milieu de la passe, et les deux autres officiers poursuivirent leur route. Puis il se remit à monter la rivière, lorsqu'au bout d'un quart de lieue, il entendit une fusillade très-vive et ne vit revenir que l'enseigne Fourré. De Richemond apprit que ses collègues remorquaient chacun une pirogue, et qu'en descendant, des nègres, cachés derrière les rochers, avaient dirigé sur eux un feu très-vif. Fourré s'en était tiré par la marche supérieure de son canot, mais Labersière avait été retardé par une fausse manœuvre. Meschinet demanda et obtint d'aller au secours de son compagnon d'armes. Il l'aperçut bientôt, attendant son pilote au milieu de la rivière et soutenant une fusillade très-nourrie avec les noirs embusqués dans les rochers. Les deux aspirants demeurèrent un quart-d'heure exposés au feu qui continuait toujours très-vivement. Les balles pleuvaient si près des embarcations, que tout l'équipage fut mouillé par l'eau qu'elles faisaient jaillir. Cependant il n'y eut personne de blessé. Enfin, le pilote rejoignit les deux aspirants qui revinrent au village sans accident et amenèrent les deux pirogues que Meschinet avait mises à flot. On trouva sur le bord de la mer une pièce de canon qui fut enclouée. Le village fut brûlé. Les grenadiers avaient débusqué plusieurs bandes de révoltés, malgré leur vive défense. Deux nègres furent tués et plusieurs blessés. L'expédition étant terminée, la frégate appareilla et revint mouiller en rade du fort Dauphin.

Voici le certificat qui lui fut délivré par son commandant :

« Je soussigné, capitaine de vaisseau ayant commandé la frégate l'*Embuscade*, certifie que le citoyen Meschinet-Richemond, aspirant de la marine de deuxième classe ; a servi en cette qualité sur cette frégate depuis le 16 nivôse an IX jusqu'au 8 prairial an XI, que la frégate a été arrêtée (avant la déclaration de guerre) par le vaisseau anglais de 110 canons le *Victory*, qu'il a toujours fait son point à la mer, que chaque jour il m'a remis, que je l'ai vu s'occuper des observations de la déclinaison de l'aiguille aimantée et des observations de la longitude par les distances; certifie en outre qu'il a été employé dans diverses incursions que j'ai été chargé d'exécuter contre les révoltés sur divers points de la côte de Saint-Domingue, qu'il y a montré beaucoup de fermeté et de zèle, que sa conduite privée lui a toujours mérité mes éloges.

» Cadix, en Espagne, le 4 messidor an XI de la République française.

(Signé) » FRADIN. »

Le 2 juillet 1821, cet officier supérieur renouvelait ce certificat en l'accompagnant de la lettre suivante : « Je suis fort aise, Monsieur, que vous m'ayez mis dans le cas de vous fournir les preuves de la satisfaction que m'ont donnée votre zèle soutenu, votre intelligence et votre bravoure dans les diverses circonstances qui ont accompagné les pénibles, mais glorieux travaux que la frégate l'*Embuscade* a été appelée à accomplir, pendant l'expédition de Saint-Domingue, en 1802 et 1803, etc. »

La frégate approchait des côtes de France. Déjà on se réjouissait à la pensée de revoir ceux qu'on aimait, lorsqu'on signala une voile qui gagnait de vitesse le navire français. Confiant dans l'état de paix, personne ne soupçonnait cependant d'intentions hostiles, quand il devint évident que l'étranger donnait la chasse au français, sans déclaration de guerre. Le vaisseau anglais de 110 canons le *Victory* venait d'appuyer ses couleurs nationales par une décharge qui constituait la plus odieuse violation du droit des gens. La frégate délabrée ne pouvait lutter contre des forces tellement supérieures. L'état-major fut déclaré prisonnier de guerre sur parole et conduit à Gibraltar le 12 juin 1803. Meschinet descendit à terre le lendemain, partit le 14, et arriva le soir à Algésiras. Le capitaine Fradin le chargea de remettre le rôle d'équipage de l'*Embuscade* au bureau des armements de Rochefort. Le 17, il s'embarqua pour Cadix avec ses compagnons de captivité, aborda le 18 dans ce port et resta dans cette ville jusqu'au 24, jour de son départ pour Sainte-Marie.

« J'ai laissé cette dernière ville le lendemain, écrit-il, et je suis entré à Madrid le 14 juillet, après avoir passé par Xérès, Espera, Moron, Ossune, Estepa, Agilar, Baena, Torre-Campo, Mégiva, la Caroline, Santa-Cruz, Manzanarès, Billata, Timblèque, Ocana et Aranjuez. Le 17 juillet, je suis parti de la capitale de l'Espagne, et je suis arrivé à Sarragosse le 24, en passant par Alcala, Taoriga, Agola, Marinchio, Tortera, Daroca, Carignane et Mohel. Laissé Sarragosse le 26 juillet et arrivé le 31 à Oloron en Béarn, en traversant Jaca, Canfranc, Ortosse, Bedoa et les Pyrénées.

» Arrivé le 4 août à Bayonne, le 7 à Bordeaux et le 11 à Rochefort.

» Passé le Guadalquivir à Mégiva, le Tage à Aranjuez et l'Èbre à Sarragosse. 300 lieues de poste séparent Rochefort de Cadix. »

Ici s'arrête la première partie de la carrière de l'aspirant de marine de Richemond. A peine âgé de vingt ans, il avait couru bien des dangers et éprouvé dans mainte circonstance la protection miséricordieuse du Tout-Puissant. Quant aux angoisses légitimes de sa famille, les extraits suivants des lettres de son père suffisent pour nous en donner une idée :

30 avril 1802. « Tes deux lettres, mon cher fils, nous sont bien parvenues. La première nous annonçait votre arrivée à Saint-Domingue, et la seconde du 25 février nous donne les détails de votre traversée et des opérations militaires qui avaient eu lieu jusqu'alors. Je te remercie du tout et t'invite à me continuer ton journal qui m'a fait un plaisir que je ne peux t'exprimer assez. Comme tu le dis, il est affreux que ces malheureux noirs, auxquels vous alliez confirmer la liberté, vous forcent à les combattre, plus malheureux encore qu'ils commettent toutes sortes d'atrocités pour conserver une chimérique indépendance qui compromet leur existence même et fera tomber sur eux les plus grands maux ; car, à quelque prix que ce soit, ils seront soumis ou détruits. Dieu veuille que ce soit plutôt la première alternative qui se réalise ! Car enfin ces hommes sont nos frères... Adieu, mon bien-aimé, je t'embrasse en idée et te désire toute sorte de bonheur, surtout la santé que je t'exhorte à ménager. Évite toute espèce d'excès, sois très-réservé dans l'usage des fruits, car on assure qu'ils sont assez souvent dangereux dans le pays où tu te trouves. As-tu bien le temps de feuilleter quelquefois tes livres de mathématiques et de navigation ? Car il faut tâcher de ne pas se rouiller.... Je suis bien sûr que tu t'appliques à apprendre ton métier et que tu feras les plus grands efforts pour sortir de la classe ordinaire des marins.

» Adieu encore une fois, mon cher fils, Dieu te garde et te bénisse !

» Ton ami : Mr R. »

« La Rochelle, 12 juillet 1803.

» Ta bonne lettre de Cadix, mon cher et bien-aimé fils, nous a mis du baume dans le sang à tous. Je l'ai envoyée de suite à Thairé, à ta bonne mère, dont je partageais bien sincèrement les inquiétudes, car imagine-toi qu'on a fait courir le bruit que votre frégate avait une voie d'eau si forte qu'elle avait coulé bas. Cette fatale nouvelle acquérait même chaque jour plus de vraisemblance par l'ignorance prolongée du port où l'*Embuscade* avait pu être conduite. Enfin, Dieu merci, tu es sain et sauf. Cela console de la porte de tes effets, quoique, d'un autre côté, l'idée d'avoir été pris à la porte, pour ainsi dire, soit bien affligeante. Au reste, tu es jeune, tout peut se réparer par le travail et la bonne conduite. Tu avais en partant de Cadix une bien longue route à faire, mon cher ami... Nous gémissons de tes fatigues. Repose-toi à Bayonne, où je t'adresse la présente. J'engage M. Dufourcq à te fournir de l'argent pour achever plus commodément ton voyage. Tu te reposeras encore un peu à Bordeaux. N'oublie pas de m'écrire avant de quitter Bayonne. Je te plains bien par la chaleur qu'il fait. Nous en sommes excédés ici. Adieu, mon cher fils. Ta sœur et ta mère me chargent de te faire mille amitiés de leur part. Fanni est à Thairé avec la bonne maman. Mr R. »

II.

De Richemond profita de ce repos forcé pour se livrer activement à ses études professionnelles. « Travaillant avec ardeur, comme vous le faites, lui écrivait sa sœur, Mme Meyer, vous avez plus d'espérance que les vierges folles qui furent surprises par l'époux, vous avez le temps d'huiler vos lampes. » Il obtint, en effet, le premier prix de géométrie, astronomie et statique au cours supérieur de mathématiques de Rochefort, et le 19 septembre 1804, le brevet d'aspirant de première classe, à la suite d'examens présidés par Monge. Pendant ce temps, il était attaché avec solde entière aux mouvements du port (1). Suivant les conseils de son père, il assistait exactement aux exercices religieux. Cette même année 1804 fut marquée par son admission dans l'Église réformée, après avoir suivi les instructions religieuses du pasteur J.-A. Rang, Président du Consistoire. Le plan

(1) BUREAU DES MOUVEMENTS DU PORT. Le capitaine de vaisseau, chef des mouvements du port, officier de la Légion-d'Honneur, certifie que le sieur Meschinet (Samuel-Louis), aspirant de première classe, a servi sous mes ordres en cette qualité depuis le 12 floréal an XII jusqu'au 29 frimaire an XIII (2 mai au 29 décembre 1804), et que pendant ce temps je lui dois des éloges pour le zèle, l'activité et les connaissances qu'il a développées dans l'exécution des ordres que je lui ai donnés.

Rochefort, le 11 septembre 1810.

BARBIER.

général de ce cours nous a été conservé, par le catéchu-
mène, dans un substantiel abrégé qui réunit la netteté à
la concision. Après sa première communion, il se retira
à Thairé, pour faire valoir la propriété paternelle. Mais
de cruelles épreuves l'y attendaient. Il eut la poignante
douleur de perdre sa mère, qui le chérissait tendrement
et qui succomba à l'âge de soixante-cinq ans, le 22 avril
1806. Son mari consigna ses précieuses qualités dans les
termes suivants : « A la mémoire de la plus regrettée
des femmes, Henriette Boué, épouse chérie, tendre
mère, fidèle amie. On ne pouvait la connaître sans
l'aimer. Née à Hambourg le 10 mai 1741, mariée à S^{el}
P^{re} Meschinet de Richemond le 15 février 1768, décédée
le 22 avril 1806, inhumée à Mortagne le 24 du même
mois. » Le 28 août 1807, il rejoignit dans une meilleure
patrie la compagne bien-aimée qu'il pleurait, et partagea
à Mortagne la sépulture de famille où reposaient son
père et sa mère, et que la tradition seule indique au respect de ses enfants.

L'année 1808 fut marquée par la visite de l'Empereur
à Rochefort. En 1809, le collège de cette ville fut réor-
ganisé sous la direction de M. Lecomte, ami de la famille. De Richemond, n'ayant pas obtenu le poste de
sous-inspecteur des sémaphores qui lui avait été promis en
1806, accepta une chaire de mathématiques. Du 1er novembre 1809 au 15 avril 1811, 64 élèves ont successivement suivi ce cours. Plusieurs vivent encore et ont
conservé le meilleur souvenir de leur professeur. Cependant les prisonniers furent enfin échangés, et le ministre
de la marine Decrès notifia cette bonne nouvelle le 31
décembre 1810 à de Richemond, qui fut heureux de re-
prendre la carrière maritime interrompue pendant sept
années. Le 2 février 1811, le comte Fontanes, grand-maître
de l'Université, consacra sa position en signant son brevet
de premier régent de mathématiques. Le 29 mars, de Richemond était nommé enseigne de vaisseau auxiliaire,
avec l'ordre de se rendre à Bayonne. En renonçant à
l'enseignement, il obtint le 22 avril, du recteur Éloy de
Bellissens, une lettre d'*exeat* attestant qu'il avait rempli
sa chaire avec distinction et à la satisfaction de ses supérieurs.

La guerre continuait toujours avec l'Anglais. Embarqué
sur le brick le *Flibustier*, capitaine Daniel, de Richemond
fit les stations de Bayonne, des côtes d'Espagne et Socoa,

ét fut promu au grade d'enseigne entretenu le 18 juillet 1811. Le 17 décembre 1812, il fut nommé capitaine de la 7e compagnie du 19e équipage de la flottille. La campagne du *Flibustier* fut brusquement interrompue par une rencontre avec les Anglais, à la hauteur de Biarritz, le 13 octobre 1813. Après un combat acharné avec une goëlette anglaise qui avait un canon de plus que le *Flibustier*, toute manœuvre étant paralysée par les vents contraires, en présence de deux bricks ennemis, la continuation de la lutte devenant impossible, le capitaine Daniel et de Richemond firent embarquer l'équipage dans deux lanches ou barques du pays, mirent le feu au pied du grand mât et du mât de misaine, et, après s'être assurés que le foyer de l'incendie était bien allumé, ils s'embarquèrent les derniers et évacuèrent le *Flibustier*. Tout l'équipage fut sauvé. Il n'y eut qu'un homme blessé. A huit heures, le brick a sauté, avant que l'ennemi ait pu s'en approcher.

De Richemond reçut avec son capitaine les éloges du conseil de guerre réuni à Bayonne à l'occasion de cet événement. Puis il partit à cheval pour Rochefort, où il fut attaché aux mouvements du port.

Successivement embarqué sur la *Mouche*, sur le bateau canonnier n° 4, il fut chargé de la comptabilité du 19e de flottille à Bayonne.

De Richemond était seul officier de marine de service auprès du duc d'Angoulême, grand-amiral, lors de son séjour à Bayonne en 1814; il fit exécuter à San-Lucar, devant le prince, un simulacre d'embarquement et de débarquement de 600 hommes de la garde royale. Le 1er août, il prit le commandement du brick le *Lancier* et le conduisit à Rochefort.

Le 11 janvier 1815, il fut embarqué sur la gabare la *Gironde*, partie de Rochefort, qui arbora le 3 avril le pavillon tricolore à Bayonne et revint désarmer le 15 juillet. Il passa ensuite, en qualité de second, sur le brick l'*Épervier*, commandé par le lieutenant de vaisseau Verchère de Reffye qui lui adressa, au sujet du service, des lettres amicales et de confiance. Ce navire fut chargé de la station en rade de l'île d'Aix et compta parmi ses passagers le général Bertrand et sa femme, les généraux Savary, Lallemand, Montholon et sa femme, le général Gourgaud, le comte de Las-Cases, le chef d'escadron de Plana, le page Sainte-Catherine et le page de Las-Cases.

Attaché à la direction des constructions navales, de Richemond siégea comme juge au premier conseil de guerre permanent tenu à Rochefort (2 juillet — 7 avril 1818). Puis, le 1er janvier 1819, il reçut l'ordre d'embarquer sur la gabare l'*Expéditive*, commandée par le lieutenant de vaisseau Zaepfell et destinée pour Terre-Neuve, où elle aborda le 19 juin. Le 5 août, de Richemond fut expédié avec sept hommes sur le canot-major, avec mission de visiter les havres entre la baie du Croc et la baie aux Mauves. Ayant interrogé tous les capitaines et spécialement les capitaines prud'hommes et consulté les pêcheurs, il adressa au commandant un rapport circonstancié sur l'état des pêcheries française et anglaise, le personnel des capitaines et des prud'hommes, la comparaison des divers engins de pêche, la nature du sol, les variations des marées, des courants, des vents, et la situation relative des divers hâvres. Voici des extraits de sa correspondance avec sa sœur, Mme de l'Angle, pendant cette traversée :

» Bord de l'*Expéditive*, rade de Saint-Pierre, le 27 septembre 1819.

» Nous sommes partis de Saint-Pierre le 19 juillet, arrivés à la baie du Croc le 24 dudit, partis du Croc le 12 septembre et revenus ici le 19 de ce mois. Nous devons rester dans ce pays jusqu'à la fin de la pêche ou plus exactement jusqu'au départ du dernier bâtiment pêcheur, ce qui pourra avoir lieu vers la mi-novembre, et le jour où nous apercevrons la tour de Chassiron sera un bien beau jour pour nous... J'ai manqué d'aller en *dégrat* au Labrador, en partant du Quirpont dans un canot de 18 pieds de long et étant à 25 lieues de mon navire. Dans ma route, j'ai visité les Griguets, Saint-Lunaire, les Bréhats, Saint-Antoine, la Cramaillère, les Oies, Fichot, les Hettes, les Saint-Julien, etc., etc. Dans tous ces pays il y a des établissements de pêche superbes, on ne peut pas se figurer la quantité de poisson que l'on prend, sans l'avoir vue... Tu dois te préparer à m'entretenir de pêche, et surtout des mots techniques, tels que chauffau, lavou, tranchou, décolou, hussa, presse, boîte, faulx, vette, turelute, etc. Surtout ne me parle pas vendange, je regrette trop de ne pas être à vous aider... Je n'écris pas par cette occasion aux Meyer ; comme elles vont devenir fréquentes maintenant, j'en aurai une autre. Remercie-les tous de leurs bons souvenirs... et assure-les qu'il y a bien peu de moments où je ne pense pas à vous tous et au plaisir d'être tous réunis. Quand aurai-je donc mon indépendance?... Ne m'oublie pas auprès de la famille de Missy, ni de ceux qui veulent encore s'occuper d'un pauvre embrumé, enroché et ennuyé... Adieu, adieu !

» Écris-moi à Rochefort chez Mme Pichez(1), de manière que ta lettre y soit le 1er décembre, pour qu'en arrivant je sois sûr d'avoir de tes nouvelles. »

A la campagne de l'*Expéditive*, succéda un court embarquement sur la flûte la *Seine*, capitaine Pellepvort, destinée pour Toulon. Une ordonnance royale du 22 août 1821 conféra à de Richemond le grade de lieutenant de vaisseau. Il fut de nouveau attaché à la direction des constructions navales, puis embarqué le 16 septembre 1822 sur la corvette la *Moselle*, capitaine Galabert, montée par 134 hommes, et chargée de transporter à la Martinique 280 hommes de troupe et 11 passagers mangeant à la table de l'état-major. Cette corvette arriva le 8 janvier 1823 dans la baie du Fort-Royal de la Martinique, revint à Rochefort le 1er juin 1823, en partit le 21 et alla mouiller le 17 août dans la rade de Cadix, pendant le blocus de cette place. Elle fut envoyée à San-Lucar, où de Richemond fut spécialement chargé de l'armement des bateaux de flottille, sous les ordres du capitaine Galabert. La *Moselle* revint le 28 novembre dans la rade de Port-Louis.

Dans le rapport adressé en décembre 1823 au ministre sur la campagne de la *Moselle* à Cadix, le capitaine de vaisseau Galabert s'exprime ainsi : « Je dois vous informer, Monseigneur, du zèle avec lequel j'ai été secondé par mon état-major et mon équipage, et principalement par M. le lieutenant de vaisseau Meschinet de Richemond. J'en ai, dans le temps, rendu compte à M. le vice-amiral Duperré, et j'aurai l'honneur de solliciter votre bienveillance en faveur de cet estimable officier, dont j'ai été très-satisfait. » Le rapport concluait en réitérant la demande de la décoration de la Légion-d'Honneur en faveur

(1) Depuis la fin de 1813, il occupait un appartement au premier sur la cour, rue La Fayette, 16.

de M. de Richemond, pour sa belle conduite au siége de Cadix.

De retour à Rochefort, il fut attaché à l'état-major général et chargé de la garde des archives, cartes et plans. Le 12 juillet 1824, il fut désigné comme rapporteur près le conseil de guerre maritime permanent. Le 23 mai 1825, il fut nommé chevalier de l'ordre royal du Mérite Militaire (1), décoration équivalente à celle de chevalier de Saint-Louis. Le 20 juin, les insignes lui en furent remis solennellement par le comte de la Roche Saint-André, capitaine de vaisseau.

Le 20 octobre 1825, de Richemond, embarqué en qualité de lieutenant de vaisseau sur le *Breslaw*, commandé par le capitaine de vaisseau d'Auriac, fit deux voyages à Cadix et revint à Brest le 23 août. Pendant cette campagne, il fut nommé, le 16 mai, capitaine de la 2ᵉ compagnie du 11ᵉ équipage de ligne.

De retour à Rochefort, de Richemond reprit ses fonctions à l'état-major du port, et fut chargé de la garde des archives et de la bibliothèque de la marine, dont il rédigea le catalogue. Pendant ce temps, les 12 et 13 juillet 1828, Madame, duchesse de Berry, visita Rochefort. La principale partie de la fête fut la mise à l'eau de la frégate la *Dryade*, qui changea de nom au moment du lancement, et fut appelée *Caroline* en l'honneur de la princesse. De Richemond fit partie de l'état-major de cette frégate et prit le commandement de la 3ᵉ compagnie du 30ᵉ.

(1) Par édit du 10 mars 1759, Louis XV créa l'institution du Mérite militaire en faveur des officiers étrangers au service de la France qui, professant la religion protestante, ne pouvaient être admis dans l'ordre royal et militaire de Saint-Louis, établi en 1693. Une ordonnance de Louis XVIII, du 28 novembre 1814, appliqua les dispositions de l'édit de 1759 à tous les officiers qui ne professaient pas la religion catholique, apostolique et romaine. Les insignes des chevaliers du Mérite militaire, comme ceux de Saint-Louis, furent suspendus à une rosette semblable à celle des officiers de la Légion-d'Honneur. Une ordonnance de Louis-Philippe, du 22 mai 1831, supprima les fleurs de lys des décorations de Saint-Louis et du Mérite militaire. Le 10 septembre 1832, le ministre de la marine invita et engagea les officiers à ne plus porter la croix de Saint-Louis. Le ruban de la Légion-d'Honneur, étant le même que celui de Saint-Louis, chez ceux qui réunissaient les deux ordres, était séparé en deux parties par un liseré blanc ; il fut dès lors partagé par un liseré bleu.

Voici les lettres qu'il écrivit à sa sœur, M™° de l'Angle, à cette occasion :

« Rochefort, le 13 juillet 1828.

» Ma chère Fanny, je suis d'autant plus fâché de ta chute que tu as été privée de voir ici le passage de la princesse. Il a été très-beau, et S. A. R. a été enchantée. Elle n'a commencé à respirer, depuis son départ de Paris, qu'à la Rochelle. Jusque là on ne lui avait montré (en Bretagne et Poitou) que des champs de batailles, des ossements, des tombeaux, et des soi-disant victimes de la Révolution. Les réclamations lui pleuvaient de toutes parts et sous toutes les formes. Ici, au contraire, elle a vu une population immense qui cherchait à la voir, mais qui ne demandait rien.

» Ces dames (Pichez) ont bien partagé tes souffrances, et elles ont regretté que tu ne jouisses pas du coup-d'œil enchanteur du lancement de la frégate. Rien n'avait été oublié pour que tout fût parfait. A la première vue, qui sera une échappée cette semaine, je vous donnerai des détails. Rother, en attendant, vous en parlera.

» Adieu, ma chère Fanny, en attendant le plaisir de te voir. Je vous embrasse tous de cœur, et vous désire tout le bonheur dont la triste humanité est susceptible dans ce bas-monde. Adieu ! adieu. »

« Rochefort, 16 septembre 1828.

» Ma chère Fanny, je comptais vous aller embrasser samedi au lieu de cela, on m'a donné l'ordre d'embarquer sur la frégate. Nous serons le 21 en rade ; de là, nous partirons vers la mi-octobre, pour Brest, prendre des troupes pour la Martinique. Ce départ ne m'amuse pas beaucoup, mais il faut prendre son parti gaîment et aller de son mieux. Je pense être bien à bord, je connais tout l'état-major. J'espère ne pas partir sans vous voir... Adieu, tout à vous de cœur. »

La *Caroline*, partie le 21 septembre du port de Rochefort, mouilla le 22 en rade de Brest, reçut le 31 octobre la visite du préfet maritime vice-amiral Duperré, et arriva le 3 décembre sur la rade de la Basse-Terre (Guadeloupe) où elle débarqua les troupes qu'elle transportait, mouilla le 8 en rade du Fort-Royal (Martinique) pour achever le débarquement des passagers et revint à Brest le 20 janvier 1829. De Richemond, pendant cette traversée, fut nommé membre du conseil de justice formé par le commandant pour la discipline du bord. Ce fut pendant cette campagne, le 28 septembre 1828, qu'eut lieu le mariage de son neveu, M. Eugène Meyer, courtier maritime interprète, avec Mlle Stéphanie Guionnet, que le Seigneur retira de cette terre le 15 mars 1831.

De Richemond débarqua le 2 avril, et fut pour la troisième fois attaché à l'état-major du port de Rochefort et chargé de la garde des archives. Le 8 novembre 1829, il fut nommé capitaine d'habillement. Le conseil d'administration, réuni le 30 septembre 1832, sous la présidence du capitaine de vaisseau Gizolme, pour procéder à la remise de ses comptes, « se fit un devoir d'exprimer à M. Meschinet de Richemond toute sa satisfaction pour le zèle empressé et les soins qu'il avait apportés pendant toute la durée de sa gestion, tant à la conservation des matières, au bon ordre et à l'arrangement de ses magasins, qu'à la tenue de sa comptabilité qui ne laisse rien à désirer. »

Ses longs et honorables services lui valurent une nouvelle distinction. Le 26 avril 1831, il fut nommé chevalier de la Légion-d'Honneur et promu le 1er septembre 1832 au grade de capitaine de corvette. Le 7 février 1833, il fut nommé juge au tribunal maritime séant à Toulon. Le 4 avril, il reçut l'ordre d'embarquer sur le vaisseau de 82 canons le *Superbe*, commandé par du Pont d'Aubevoye, comte d'Oysonville, et faisant partie de l'escadre du Levant. Il remplit les pénibles et délicates fonctions de commandant en second chargé du détail du vaisseau. Le *Superbe* appareilla le 5 avril et fit route pour Navarin, où il rejoignit le contre-amiral Hugon, montant la frégate l'*Iphigénie*. « Le fort et la ville de Navarin sont délabrés, dit M. de Richemond dans ses notes de voyage, la rade est vaste et bien fermée, le fond est rempli des débris des navires coulés à la suite du combat des escadres réunies de la France et de l'Angleterre contre celles des Turcs et des Égyptiens. Trois vaisseaux et deux frégates ont rallié successivement l'escadre Le *Superbe* traversa l'Archipel et vint mouiller dans la rade des îles d'Ourlac. Le voisinage de Smyrne permettait d'en tirer facilement des vivres, du pain, de la viande fraîche et des provisions. Le pays est montagneux et aride ; toutefois, les coteaux et les vallons sont fertiles, mais peu cultivés et peu habités. La culture consiste en blés et en oliviers. La ville d'Ourlac, à une lieue au fond de la rade, est entourée de quelques villages. Dans la grande Ourlac, on ne rencontre que quelques cabanes habitées par des Grecs. Le vaisseau fit voile le 27 juin pour l'entrée des Dardanelles et mouilla le 29 sur la côte de Troie, à côté d'une escadre anglaise, commandée par le vice-amiral Malcohm. De ce mouillage on découvrait un splendide panorama, la pointe d'Europe et le cap des Janissaires qui forment l'entrée des Dardanelles, les mamelons appelés tombeaux d'Antilope et de Beschié Tepe, l'entrée du fleuve Scamandre, le cap de Troie, le pic de Tenedos et le mont Athos. Le 2 juillet, on apprit l'évacuation de la Turquie par l'armée russe. Les escadres anglaise et française continuèrent leur croisière, tantôt de concert, tantôt séparément. Le 6 août, l'escadre, dont le *Superbe* faisait partie, longea la Troade. Au milieu d'un bois, sur le penchant de la montagne, quelques ruines indiquent l'emplacement de l'ancienne Alexandrie de Troie. Elles consistent en un enclos marqué par des murailles écroulées, un grand pan de mur, et un édifice rectangulaire dominant les autres constructions. La côte de la Troade offre peu de souvenirs de sa grandeur passée. Quelques fontaines (1), des villages délabrés, le minaret d'une mosquée négligée, et plusieurs cimetières plantés de cyprès composent le paysage. La campagne, formée de vignes, de blés, d'oliviers et de prairies, est cultivée surtout par les Grecs qui sont misérables ou forcés de le paraître, car ils sont en butte à mille exactions de la part des Turcs, seuls propriétaires, qui travaillent peu. Le pays est montagneux, et des rocs nus contrastent souvent avec les vallons et les collines fertiles. Le 25 août, je fus à Smyrne dans un canot avec deux officiers et deux élèves. En arrivant, nous nous établîmes dans une maison tenue par un Suisse parlant français. La ville de Smyrne est bâtie au fond d'un golfe, sur le versant du mont Pagus. Elle est grande, sa population est estimée à 150,000 âmes (Turcs, Grecs, Juifs, Arméniens et Francs). Les rues sont étroites et mal pavées. Les maisons sont à un

(1) Sur une fontaine placée dans un désert de la Turquie asiatique est gravé ce verset du Coran : « L'homme le plus parfait est celui qui est utile à ses frères. »

ou deux étages, presque toujours surmontées d'un belvédère en bois. Les quais sont simplement formés de pieux enfoncés dans la mer, ce qui les rend assez incommodes pour le débarquement, quand le vent vient du large. Comme la liberté des cultes existe à Smyrne, chaque religion a ses temples entourés de cimetières. L'aspect de la ville est très-pittoresque. On découvre en amphithéâtre une masse de maisons, au milieu desquelles se dressent de nombreux minarets qui se détachent sur un fond d'arbres toujours verts. Les ruines d'une citadelle bâtie au onzième siècle dominent la ville, la rade et les environs. L'amphithéâtre romain n'est plus représenté que par une entrée voûtée. Les Turcs ont placé sur une des tours quelques canons inoffensifs aux larges lumières béantes qui ne peuvent servir que dans les réjouissances publiques.

» Le 14 septembre, nous fûmes mouiller sur la rade de Smyrne. Le 14 décembre, nous laissâmes Smyrne pour nous rendre à Nauplie. Dans la nuit, nous éprouvâmes un ouragan épouvantable. Le lendemain, nous passâmes entre Tino et Miconi, manquâmes le port de Nausse, et, à trois heures et demie, nous nous perdîmes à l'entrée de la rade de Parekia, île de Paros. La tempête continua le 16. Cependant le soir de ce jour, à l'aide de nos embarcations, d'un radeau, des débris du vaisseau, et d'un bateau grec, quatre cents hommes étaient à terre. Neuf furent noyés. Dans la nuit du 16 au 17, le temps s'embellit et le reste de l'équipage se trouva hors de danger. Du 17 au 25, on s'occupa du sauvetage de divers objets du vaisseau. Le 26, nous nous embarquâmes à Nausse, sur le vaisseau la *Ville-de-Marseille*. Nous partîmes le 27 pour Nauplie, où nous arrivâmes le 28 au soir. Le 29, l'équipage naufragé fut réparti entre l'*Iphigénie*, le *Duquesne* et la *Galathée*. Ces trois bâtiments mirent sous voiles le soir, pour se rendre en France. Je fus destiné sur le *Duquesne*. Ce vaisseau mouilla en rade de Toulon, le 25 janvier. »

Ici s'arrêtent les notes de Meschinet de Richemond. Suivant sa constante habitude, il s'est complètement effacé derrière les faits qu'il retrace. Heureusement, les lettres des officiers qui ont servi avec lui dans cette triste mais honorable campagne et le témoignage d'un excellent ami, parfaitement placé pour connaître toute la vérité, nous permettent de suppléer à ce silence. Le naufrage du *Superbe* eut un immense retentissement en Europe, et le récit de sa perte, plus ou moins idéalisé par l'imagination du conteur, a pris place dans tous les recueils des naufrages célèbres. Nulle part de Richemond n'est nommé. Les plus exacts narrateurs se bornent à regretter que l'avis du capitaine de corvette, qui pensait qu'il importait de débarrasser le gréement de ses avaries et de dégager la mâture sous l'abri de l'île de Tino, n'ait point été suivi par le commandant.

Suivant les lois qui régissent la flotte, un conseil de guerre fut réuni pour juger le commandant du *Superbe*. De Richemond, second du vaisseau, avait eu beaucoup à se plaindre de la conduite et des procédés du commandant à son égard, et ses griefs étaient partagés par l'état-major du bâtiment. Mais le moment était venu de pardonner et de rendre le bien pour le mal. De Richemond réunit les officiers à l'Hôtel de France, pour les empêcher d'écouter un ressentiment personnel dans leur déposition devant le conseil de guerre. Tous, de leur propre aveu, subirent complètement cette bonne influence. Ils étaient venus, le cœur plein d'amertume ; en sortant, chacun pensait à l'honneur du pavillon qu'il importait de soutenir, parce que ce sentiment seul avait fait parler de Richemond. Au moment du naufrage, il avait sauvé la vie de son commandant en lui enlevant ses pistolets chargés, maintenant il lui sauvait l'honneur. Après l'audition de vingt-six témoins, après quarante questions adressées au capitaine de corvette chargé du détail, le comte d'Oysonville, commandant du *Superbe*, fut acquitté honorablement à l'unanimité (1). De Riche-

(1) Le 7 mars 1834, le conseil réuni à Toulon, a déclaré :

Sur la première question portant : Le commandant du *Superbe* a-t-il perdu son vaisseau volontairement ? — A l'unanimité, non !

Sur la deuxième : Le commandant du *Superbe* a-t-il perdu son vaisseau par impéritie ? — A l'unanimité, non !

Sur la troisième : *Y a-t-il lieu, dans l'état actuel de la question, de faire des réserves contre des personnes de l'état-major ou de l'équipage du Superbe ? — A l'unanimité, non !*

Sur la quatrième : Le commandant du *Superbe* a-t-il rempli exactement toutes les obligations que lui imposait sa position ? — A l'unanimité, oui !

Sur la cinquième : Le commandant du *Superbe* sera-t-il acquitté honorablement ? — A l'unanimité, oui !

mond emportait de cette malheureuse campagne l'estime et l'amitié de tous ceux qui l'avaient vu à l'œuvre. Les lettres de tout l'état-major en font foi (1). Aussi fut-il cruellement surpris lorsqu'une mise à la retraite non motivée vint brusquement interrompre trente-cinq ans d'honorables services. Il s'empressa d'adresser la lettre suivante au Ministre de la marine :

        « Rochefort, le 6 janvier 1835.

    » Monsieur le Ministre,

    » Je viens d'être admis à faire valoir mes droits à la retraite, j'ai rempli toutes les conditions, je la désirais, et je serais très-satisfait de cette décision , si je ne me trouvais compris dans l'ordonnance avec les invalides du port. A cinquante-et-un ans, plein de force et de santé, j'ai été surpris, j'ai dû chercher quelle pouvait être la cause de ma disgrâce et j'ai cru la trouver dans le naufrage du vaisseau le *Superbe*. Né dans la même ville que vous, Amiral, et après trente-cinq ans de service honorable, je tiens à le laisser sans le moindre reproche.

    » Lorsque je me présentai devant M. le capitaine de vaisseau rapporteur, près le conseil de guerre nommé pour juger le comte d'Oysonville, je lui déclarai qu'ayant eu beaucoup à me plaindre de mon commandant, je serai très-circonspect dans mes réponses , mais que je ne voulais pas éprouver l'ombre du blâme. Le commandant du *Superbe* fut acquitté honorablement, et lui-même rendit un témoignage public de sa satisfaction aux officiers et marins du vaisseau pour leur belle conduite. Jugez de mon étonnement, lorsque je lis dans les *Annales maritimes* du mois de mai un rapport où la perte du *Superbe* m'est attribuée; j'envoie de suite une explication, je n'ai point de réponse; j'écris de nouveau au rédacteur et l'on me répond enfin que dans l'intérêt de la marine

(1) Toutes ces lettres attestent qu'ils n'ont point oublié « le digne commandant en second du vaisseau le *Superbe*, de triste, mais honorable souvenir pour lui ! » Le 30 juillet 1858, M. Le Fraper, après être venu voir M. de Richemond à la Rochelle, lui écrivit que ses anciens compagnons d'armes du *Superbe*, Cartier, Aycard, de Jouslard, Boyer, Marchal, Sandraly, l'avaient tous chargé de lui exprimer leur respect et leur attachement.

on ne peut publier ma note (ci-joint la copie de ces trois lettres). Mais, Amiral, si pour l'honneur du corps, M. le comte d'Oysonville a été acquitté honorablement, malgré les divers reproches que le conseil de guerre lui a adressés, si par la même raison le commandement de la *Syrène* lui a été donné, pourquoi me trouvé-je victime de ma générosité? Non, je ne le serai pas, Amiral, j'ai dans ce malheureux événement fait plus que mon devoir; en vous faisant connaître la vérité, j'ai la certitude que votre bonté et votre justice répareront aux yeux de mes camarades et de la France entière l'erreur dont je suis victime. J'ose pour cela réclamer de la bienveillance de Votre Excellence la croix d'officier de la Légion-d'Honneur, motivée non-seulement sur mes services, mais encore sur ma conduite avant, pendant et après le naufrage.

» Daignez, Amiral, accueillir favorablement ma demande et agréer l'expression du profond respect, etc.

» *Le capitaine de corvette, second du* Superbe,

» DE RICHEMOND. »

I.

« Rochefort, le 29 juin 1834.

» *A M. Bajot, commissaire de marine, rédacteur des* Annales maritimes, *à Paris.*

» Monsieur, je viens de lire dans les *Annales maritimes* du mois de mai l'extrait du rapport de M. le comte d'Oysonville, capitaine de vaisseau, commandant le *Superbe*, à M. le contre-amiral Hugon, commandant les forces navales dans le Levant. Sans vouloir déprécier la conduite de M. le commandant d'Oysonville, je dois rectifier un paragraphe qui m'est personnel et par lequel la perte du vaisseau pourrait m'être attribuée par le mouillage de l'ancre de tribord.

» L'instruction et les débats devant le conseil de guerre ont éclairci ce point : ils ont prouvé que si le commandant n'a point donné l'ordre de mouiller, la masse des cris « Mouille » qui m'est parvenue sur le gaillard d'avant, devait me persuader que c'était son ordre qui était répété, et dans la position critique où se trouvait le vaisseau, il ne pouvait y avoir de retard dans l'exécution des ordres.

» J'ajouterai ici ma déposition devant M. le capitaine de vaisseau rapporteur sur la question relative au mouillage de cette ancre : « Nous élongions une chaine de brisants et gouvernions sur des rochers où la mer brisait avec force, lorsque des cris « *Mouille* » venant de l'arrière se firent entendre. Je restai interdit d'un pareil ordre, mais les cris redoublant avec plus de force, je dus obéir et l'ancre fut mouillée. *Quatre jours après*, au camp, en présence de M. Le Fraper, lieutenant de vaisseau, le commandant m'apprit qu'il n'avait pas donné l'ordre de mouiller, et il ajouta : « *Au reste, le vaisseau était toujours perdu, d'après les renseignements que j'ai pris des gens du pays.* » Cette déposition a été répétée devant le conseil, M. le comte d'Oysonville ne l'a point contredite.

» Dans ce malheureux naufrage, je crois avoir rempli tous mes devoirs, je ne voudrais pas laisser planer sur ma conduite le moindre blâme. Persuadé de votre impartialité et de votre désir de faire connaître la vérité, je vous prie, Monsieur, de faire insérer cette rectification dans votre prochain numéro des *Annales*.

» J'ai l'honneur d'être, Monsieur, etc.

» *Le capitaine de corvette, second du* Superbe,

» DE RICHEMOND. »

II.

« Paris, le 19 août 1834.

» Monsieur,

» Je viens de recevoir la lettre que vous m'avez fait l'honneur de m'écrire le 15 de ce mois. J'ai à m'excuser d'abord de n'avoir pas répondu à celle du 29 juin et je m'empresse d'y satisfaire. Pour le fait dont il s'agit, vous n'avez point été attaqué dans le rapport de M. le comte d'Oysonville à M. l'amiral Hugon, vous n'avez donc point à vous défendre. La lettre dont vous demandez l'insertion dans les *Annales maritimes* n'ajouterait absolument rien à ce que l'on savait déjà, que vous avez fait mouiller l'ancre parce que vous avez cru que le commandant en avait donné l'ordre.

» Cette réclamation, inutile quant à vous, aurait de plus l'inconvénient de ramener l'attention du public sur un événement malheureux maintenant oublié. Je pense donc, et vous partagerez sans doute cette opinion toute dans l'intérêt du corps de la marine, qu'il vaut mieux ne pas publier votre lettre dans un recueil qui ne doit point admettre de polémique de cette nature.

» Recevez, Monsieur, etc.

» Bajot. »

Voici la réponse du Ministre de la marine :

« Paris, le 19 janvier 1835.

» Monsieur, je réponds à la lettre que vous m'avez écrite le 6 de ce mois, relativement à votre admission à la retraite. Lorsque je vous ai compris dans mes propositions, je n'ignorais pas que vous aviez exprimé le désir de vous retirer du service, et j'ai cru entrer dans vos intentions en proposant au Roi de vous y autoriser. Je me plais donc à vous donner l'assurance qu'aucun autre motif n'a donné lieu à cette disposition qui n'a aucun rapport avec les circonstances de la perte du *Superbe*.

» Recevez, Monsieur, l'assurance de ma parfaite considération.

» *L'Amiral, Pair de France, Ministre Secrétaire d'État de la marine et des colonies,*

» Duperré. »

De Richemond crut devoir insister et écrivit la lettre suivante :

« Paris, le 30 juin 1835.

» Monsieur le Ministre,

» Daignez permettre que je vous renouvelle la demande que j'ai eu l'honneur de vous faire le 6 janvier dernier...; elle était motivée sur trente-cinq ans de service honorable et sur ma conduite avant, pendant et après le naufrage du vaisseau le *Superbe*. J'avais réclamé, Amiral, votre bienveillance et votre justice...

» Veuillez, etc. »

Cette lettre ne reçut aucune réponse. Mais de Richemond trouva sa plus douce récompense dans le sentiment du devoir accompli sous le regard de Dieu.

III.

Habitué à une vie très-active, de Richemond se trouva désœuvré, et il chercha aussitôt à se créer une nouvelle position. Il sollicita la place de lieutenant de port à la Rochelle, Rochefort ou Charente. Ses démarches n'eurent pas de résultat immédiat. Le 4 novembre 1834, il fut heureux d'assister au mariage de sa nièce, Anna-Amélie Meyer, avec Henri-Gustave Alauzet, fils de feu Jean-Joseph Alauzet, directeur des douanes, et de Marie-Marthe Perry. Il fit avec ses neveux un voyage à Paris, du 23 juin au 1er août 1835, et assista à la revue du 28 juillet, pendant laquelle eut lieu l'attentat Fieschi contre la vie de Louis-Philippe. Le 23 octobre de la même année, son neveu Charles commença à Paris ses études médicales. Le 12 avril 1836, de Richemond fit part à ses sœurs de ses préoccupations par la lettre suivante : « Tu seras sans doute étonnée de recevoir aujourd'hui une lettre de moi ; mais je suis un peu comme le pauvre cher père, j'aime mieux écrire que parler sur certains sujets. Et pour être bref, j'entre de suite en matière. En 1832, lorsque je fus fait capitaine de corvette, voyant mon avenir pécuniaire fixé, je bâtis un beau château ; pendant trois ans, je me plus à l'embellir de toutes les manières ; juge donc de mon désappointement, lorsque je le vis s'écrouler par la base ; j'en fus d'autant plus atterré, que je dus m'imposer le silence le plus absolu. Le voyage de Paris vint heureusement faire diversion, mais à mon retour les réflexions vinrent m'assaillir ; plus d'avenir, et une oisiveté fatigante. C'est alors que je m'occupai d'obtenir une place, et de ce côté encore je me trouvai repoussé. A cinquante-deux ans, bientôt cinquante-trois, me disais-je, plus rien à espérer dans l'avenir, jamais de chez moi... à quel parti dois-je m'arrêter ? Cette pensée m'occupa longtemps, et je ne vis qu'Élise Pichez qui pût me convenir. Vous la connaissez, ainsi j'entrerai dans peu de détails : elle est dans sa trente-cinquième année, son caractère laisse peu à désirer, elle est habituée à mes manies, elle a pour moi une confiance entière et une sincère amitié. Fille d'un officier tué dans un combat(1), elle n'a qu'un frère pour proche parent, et sa belle-mère est sa plus tendre amie... Tu sais bien par nos conversations qu'il n'y a point de susceptibilité dans ma détermination, car je n'ai que des actions de grâces à rendre à toute la famille pour tous les soins et les attentions dont elle m'a toujours entouré. C'est une compagne que je veux pour partager le peu de beaux jours qui me restent et pour soigner ma vieillesse. » Le 4 octobre, le contrat fut reçu par Mᵉ Gandillion, et le 5, le pasteur de Rochefort, J. Castel, bénit le mariage.

L'absence de portrait de Mᵐᵉ de Richemond justifiera les lignes suivantes : « Véritable type des miniatures du dix-huitième siècle, elle est de petite taille, mais bien proportionnée, d'une démarche élégante, le visage rond, les yeux noirs et grands, le regard doux, modeste, intelligent, les sourcils bien placés, les cheveux châtains foncés encadrant un front élevé, les traits délicats, le nez petit, la bouche petite, les lèvres vermeilles, la physionomie vive, ouverte, affable et gracieuse. Un cœur affectueux, une âme noble, le caractère très-égal. Sa piété est éclairée, sa conversation intéressante. Tendre sœur, fille respectueuse et attentive, elle avait fait le bonheur de sa famille et s'était ainsi préparée à faire celui de son mari. »

Désirant vivre et mourir auprès de ses sœurs et réunir tous les objets de ses affections, de Richemond avait acheté, à la Rochelle, le 15 novembre 1837, de Mᵐᵉ veuve Fabvre, une maison sise rue de la Cloche, et y fit faire les réparations nécessaires pour s'y installer.

Il célébra le premier anniversaire de son mariage en offrant à sa femme un exemplaire du Nouveau-Testament. Son union était bénie. Les plus doux projets d'avenir reposaient sur la naissance d'un être bien aimé impatiemment attendu. Mais les voies de Dieu ne sont pas nos voies. Le 4 janvier 1839, Mᵐᵉ de Richemond mit au monde un fils, et succomba le 10, à deux heures du matin, après de cruelles souffrances. La vie même de

(1) Jean Pichez, né à Fouras le 10 mars 1769 du mariage de Jean Pichez et de Marie Morgaud, était enseigne de vaisseau lorsqu'il épousa, le 5 avril 1796, Marie-Anne Mayet, fille de Jacques Mayet et de Jeanne Silvain, et commandait la gabare la *Dorade*, quand il fut tué, dans la nuit du 5 au 6 juin 1812, en défendant son navire contre les Anglais.

l'enfant ne fut sauvée qu'à force de soins. Mme veuve Pichez, qui avait toujours entouré Mme de Richemond d'une affection véritablement maternelle, quoiqu'elle ne fût que sa belle-mère, reporta sur l'orphelin tout l'intérêt qu'elle avait constamment témoigné à la mère, elle se consacra à son éducation et fut s'établir à la Rochelle pour aider de Richemond dans la direction de son ménage.

Cependant de Richemond se créa de nouvelles occupations. Du 25 février 1837 jusqu'en 1844 et de 1855 à 1865, il fut appelé aux fonctions de capitaine-visiteur par le tribunal de commerce de la Rochelle. En 1841, il fut nommé capitaine-expert du Lloyd français, et lorsqu'il donna sa démission le 6 novembre 1855, il reçut une pension en récompense « de ses bons et loyaux services. » Inscrit sur la liste des électeurs adjoints en 1836, il fut trois fois appelé à siéger au jury. De 1847 à 1856, il fit partie de diverses commissions maritimes, et reçut en 1857 la médaille de Sainte-Hélène, à l'époque de son institution. Le 28 mai 1845, il fut élu membre du Consistoire général de l'Église réformée de la Rochelle ; mais il refusa d'accepter ce mandat, parce qu'il y avait eu des doutes sur la légalité des opérations électorales. Il crut devoir maintenir cette détermination, malgré les pressantes et gracieuses instances qui lui furent adressées, le 30 novembre, au nom de l'unanimité du Consistoire, par le Président de ce corps, qui lui communiqua la dépêche ministérielle du 23 octobre validant les élections. Il déclina également la charge de membre du bureau de bienfaisance.

Réélu au Consistoire le 9 janvier 1853, il siégea au rang des Anciens jusqu'en 1865, époque à laquelle sa santé et son âge avancé ne lui permirent plus d'assister aux réunions ni au culte public. Il apporta dans cette assemblée son esprit de conciliation et son amour de la paix et de l'union, mais il ne transigea jamais avec ses convictions chrétiennes, et quand des négations retentissantes rendirent nécessaire une profession nette et précise de la foi, il n'hésita pas à signer la déclaration de principes proposée par M. Guizot à l'assemblée générale des pasteurs et anciens réunis en conférence officieuse à Paris, et soumise à l'adhésion des Consistoires.

Les derniers événements qui nous restent à raconter touchent de trop près le narrateur, pour ne pas lui rendre sa tâche plus difficile, en ne lui permettant pas de s'effacer entièrement, car, suivant le mot profond de Pascal, « le moi est odieux. » Il ne lui est pas possible d'aborder la vie de famille, sans nommer quelques-uns des parents que son père affectionnait vivement. Ils comprendront et excuseront la nécessité de ne point séparer ici tous ceux qui furent si intimement unis dans le cœur aimant de celui que nous pleurons. Il nous en coûte de ne pouvoir placer dans cette notice les vieux amis que de Richemond honorait d'une estime particulière et qui l'ont presque tous précédé dans la tombe.

Le 14 décembre 1840, de Richemond fut témoin à Rochefort du mariage de son beau-frère J.-B. Pichez avec Mlle Adélaïde Lapierre, et il témoigna à leurs quatre enfants l'affection qu'il porta constamment aux parents. Deux jours après, il revint à la Rochelle assister au mariage de son neveu, M. Louis-Rodolphe Meyer, avec sa nièce, Mlle Henriette de l'Angle.

Craignant de n'être jamais témoin de la majorité de son fils, de Richemond consigna ses dernières volontés le 5 juin 1842. Cette pièce est précieuse comme expression des sentiments chrétiens qui l'ont dictée :

« Au nom de Dieu, Père Éternel, tout-puissant et très-miséricordieux, de Jésus-Christ, son Fils Unique, notre Rédempteur et Sauveur, et du Saint-Esprit ! Amen.

» Étant sain de corps et d'esprit, mais ignorant l'époque de ma fin, je désire faire connaître mes dernières volontés.

» Je recommande mon fils aux bons soins de tous ses parents paternels et maternels... les priant de reverser sur le fils l'amitié qu'ils portaient à son père et à sa tendre mère.

. . . .

» Je demande que mon fils soit instruit dans l'amour et la crainte de Dieu et dans la connaissance des Saintes Écritures, la vraie piété étant la base du bonheur ! »

Il importe de saisir cette solennelle déclaration. Elle explique tout ce qui nous reste à raconter. De Richemond avait fait l'expérience personnelle et bénie du fait qu'il proclamait. Au milieu des agitations de sa carrière maritime, il avait trouvé Dieu dans les épreuves et dans les délivrances, et cet enseignement salutaire a porté ses fruits. Il sait que la vraie piété est la base du bonheur, et il s'en convainc chaque jour davantage. Sa foi grandit et s'affirme humble et ferme ; elle devient une source intarissable de paix et de joie, donne plus de calme à son esprit et une inaltérable douceur à son commerce. Les trente-huit dernières années de sa vie présentent le beau spectacle d'un développement régulier et continu de ses convictions chrétiennes. De ce mouvement religieux intime et profond découlent les plus précieuses et les plus aimables qualités. Le narrateur sent ici combien il lui est difficile de donner à cette notice de justes proportions. Le récit de la vie publique qui fournit beaucoup plus de faits que la vie de famille a envahi toutes les pages ; cependant elle n'est qu'une préparation et les expériences du passé trouvent leur consécration, leur récompense et leur couronnement dans cette vie intime, recueillie, obscure, calme, douce et paisible et d'autant plus heureuse. « L'auteur de toute grâce excellente et de tout don parfait, à la droite duquel il y a des plaisirs pour jamais, » remplit le cœur qu'il s'est gagné. Cette communion se révèle par le besoin de la prière, la méditation de la Parole Sainte, et l'assiduité au culte. Elle sanctifie toutes ses relations et imprime une direction nouvelle à toute son activité extérieure, à tous les actes de sa vie.

Au mois d'octobre 1845, de Richemond fit entrer son fils comme externe au collége, l'entoura de la plus constante sollicitude, identifia sa vie avec la sienne et fut pour lui plus qu'un père ordinaire. Il fut le précepteur le plus vigilant, l'ami le plus dévoué, le meilleur guide, voulant l'amour et non la crainte, n'ordonnant jamais, inspirant par la persuasion seule sa volonté, parce qu'elle était sage, juste et bonne, et ne demandant pas en retour l'obéissance servile, mais cette adhésion spontanée et joyeuse de la volonté que dicte le cœur.

Comme il s'était associé aux joies de la famille, de Richemond s'associa vivement aux épreuves que le Seigneur dispensa alors à sa sœur bien-aimée. Le 9 janvier 1848, Dieu rappela à Lui son beau-frère R.-S. Meyer, âgé de quatre-vingts ans, qui emporta les regrets de tous ceux qui l'avaient connu. Après la triste cérémonie et par suite de la rigueur de la saison, de Richemond fut atteint d'une grave fluxion de poitrine, dont, avec l'aide de Dieu, il fut retiré par les bons soins du docteur son neveu, en qui il eut toujours la plus grande confiance. La même année, le 25 juillet, il eut la douleur de perdre son second beau-frère, de l'Angle (1), chef de bataillon d'état-major, chevalier de Saint-Louis, officier d'élite auquel on doit l'invention des canons à bombe dits à la Paixhans, ainsi qu'il résulte des documents officiels des ans III, IV et XII publiés par lui le 15 février 1836. De Richemond fut aussi douloureusement éprouvé, lorsque Dieu rappela à Lui, le 23 décembre 1853, sa nièce Joséphine Meyer. « Elle fut un modèle de piété filiale, de dévouement fraternel et de charité chrétienne. » De Richemond remit à son fils le Psautier et le Nouveau Testament qu'il avait donnés à la bien-aimée défunte, « pour que la piété sincère et active de sa cousine lui servît de modèle. »

L'année 1854 fut marquée par la première communion de son fils et de sa nièce Marie Pichez. La lettre suivante, du 28 mai, qu'il adressa à cette occasion à la famille Pichez nous initie à ses sentiments religieux et donne une haute idée de l'importance qu'il attachait à cet acte solennel :

« Mes bons amis, enfin quand vous lirez ma lettre, notre bonne Marie aura fait son alliance avec Dieu par notre Sauveur Jésus, qui, pour notre salut et le rachat de nos péchés, a été obéissant jusqu'à souffrir la mort ignominieuse de la croix, lui juste pour nous injustes. Montrons-lui donc notre reconnaissance par notre repentance, notre foi, notre charité, notre humilité, notre résignation, notre patience, notre douceur, notre support, en montrant notre foi par toutes sortes de bonnes œuvres, prenant pour devise d'aimer Dieu de tout notre cœur et notre prochain comme nous-même. Toute la loi et les prophètes se résument en ces deux commandements, a dit notre Sauveur. Que Dieu lui en fasse la grâce ! Le 4 juin, ce sera le tour de Louis, pour jurer devant Dieu et devant les hommes de vivre et de mourir dans la Religion chrétienne, n'oubliant pas que Dieu nous a lavés de nos péchés dans le précieux sang de son Fils bien-aimé.

» Je vois que la santé de notre vieille amie, qui se trouve

(1) Quérard (*France littéraire*) lui attribue à juste titre les deux ouvrages suivants :

1° *Essai sur les colonies orientales depuis 1753 jusqu'à présent.* — Alençon. — 1801. In-8°.

2° *Mémoire sur la trigonométrie sphérique et son application à la confection des cartes marines et géographiques*, par un officier de l'état-major du Rhin. — Paris. — Duprat. — An IX-1804. — In-8° de 34 pages, avec deux cartes.

réunie à une partie de la famille, lui aura permis d'assister à la grande cérémonie de ce matin. C'est un grand bonheur pour les parents de voir leurs enfants accomplir le plus précieux acte de leur vie. Elle aura éprouvé une bien douce jouissance. Qu'elle se ménage le plus possible. Mme de l'Angle nous inquiète toujours, elle s'affaiblit chaque jour, les nuits surtout sont mauvaises. Toute ma famille se rappelle à votre bon souvenir... »

Ses tristes pressentiments au sujet de sa sœur ne furent que trop promptement justifiés par les événements. Le 2 juin, Mme de l'Angle allait rejoindre son mari dans une meilleure patrie. Cette même année, le 25 septembre, de Richemond perdit le dernier survivant de ses beaux-frères, J.-B. Pichez (1), capitaine de frégate retraité, chevalier de la Légion-d'Honneur, en qui il était heureux de retrouver l'attachement au devoir, la bonté et les affectueuses qualités du cœur qui le caractérisaient lui-même.

L'année suivante, le 15 décembre, le Seigneur rappela à lui Mme Marie-Anne Bollon, veuve Pichez, née le 7 avril 1776, qui, avec une santé toujours délicate et chancelante, avait eu la force d'élever les deux enfants de son mari, et avait consacré ses dernières années au fils de sa chère Élise. Sentant approcher sa fin, elle avait exprimé le désir d'aller à Rochefort, pour y mourir au milieu des siens, et elle en trouva la force.

Le 22 août 1856, de Richemond vit terminer les études de son fils, et il le conserva auprès de lui, en le plaçant au bureau de ses neveux jusqu'à son entrée aux archives le 4 avril 1862.

Le 26 mai 1858, il assista au mariage de son petit-neveu M. L.-E. Meyer. Le 8 août 1861, il vit avec bonheur celui de son neveu M. le docteur C.-R. Meyer ; mais le 9 décembre de cette même année, il eut une bien douloureuse

(1) États de service : Né le 6 mai 1798 ; — mousse le 1er décembre 1811 ; — aspirant de deuxième classe le 13 mai 1813, compris dans le licenciement de 1815 ; — capitaine au long cours le 25 mai 1822 (au commerce, 29 mois 23 jours) ; enseigne entretenu le 6 décembre 1829 ; lieutenant de vaisseau le 22 janvier 1836 ; capitaine de frégate le 22 janvier 1843 ; — chevalier de la Légion-d'Honneur le 25 avril 1844. — 6 commandements ; prises ; 4 embarquements comme officier en second. — Capitaine d'habillement ; attaché à la majorité. — Sous-directeur des mouvements du port. — Services effectifs au 1er octobre 1853 : 444 mois 12 jours. — Retraité le 8 mars 1854.

épreuve dans le décès de sa dernière et bien-aimée sœur, Mme Meyer, qui fut retirée de cette terre dans sa quatre-vingt-onzième année. « Son excellente mémoire, sa bonne humeur, sa bienveillance envers tous, sa piété aussi vive qu'éclairée ne l'ont point abandonnée un seul instant. » Après avoir édifié tous ceux qui l'entouraient par sa confiance en son Sauveur, elle rejoignit dans une meilleure patrie, son bienheureux mari.

De Richemond vit se réaliser ses plus chers désirs par le mariage de son fils avec lequel il s'était identifié. Le 25 septembre 1862, il se rendit aux Mesnards du Douhet pour l'union de son fils avec Mlle Charlotte-Lucie Guesnon des Mesnards, fille de feu Pierre-Adolphe Guesnon des Mesnards et de Mme Anne-Charlotte-Claire de Clervaux « Bénissons Dieu, écrivait-il, de ce qu'il t'accorde une compagne chrétienne. Ce dernier mot est le plus grand éloge, car il suppose et renferme toutes les qualités ; il vous sera doux de vous comprendre et d'avoir un support mutuel pour toutes les imperfections humaines... Recevez la bénédiction que je demande au Seigneur de vous accorder. »

Une nouvelle existence s'ouvrait pour lui. Heureux d'habiter avec ses enfants, de retrouver cet intérieur qu'il désirait pour ses vieux jours, il reporta sur sa belle-fille une large part de l'affection qu'il avait pour son fils. Il vit accomplir ses vœux les plus chers, lorsque la position sédentaire de ce fils, confirmée à Paris par un certificat d'aptitude le 24 mai 1863, fut consacrée par une nomination définitive le 5 février 1867.

« Mes chers amis, écrivait-il,

« Bénissons Dieu, mon âme, en toute chose,
» Car sur Dieu seul ton espoir se repose. »

» C'est par la lecture de ce psaume sublime que j'ai terminé hier ma journée. Oui, bénissons Dieu, mon bon fils, il vient encore de te donner une preuve de sa protection. Je n'ai pas besoin de te dire combien je suis heureux de voir ton avenir assuré... Que le Seigneur vous bénisse l'un et l'autre et soit avec vous à toujours, c'est le vœu d'un vieillard qui désire obtenir l'affection et non la crainte ! » (Lettre du 22 mai 1863.)

Pendant l'hiver de 1864 à 1865, de Richemond, qui jusque-là avait conservé toute son activité et toute sa vigueur, fut atteint d'un violent catarrhe qui l'affaiblit beaucoup, et après lequel, malgré des soins incessants, il ne reprit jamais complètement ses forces. Il ne sortit plus qu'à de très-rares intervalles, pendant la belle saison, et les deux dernières années de sa vie, il dut même renoncer complètement à se promener. Le Seigneur lui accorda la grâce de voir sa première petite-fille, *Élise*, née à Saintes le 11 septembre 1866. M. le pasteur Delmas baptisa cette enfant, devant la famille réunie, le 4 janvier 1867, et de Richemond la présenta à l'Éternel avec la grand'mère maternelle de l'enfant. Il y eut une dispensation providentielle dans la coïncidence de la naissance d'Élise avec le moment où de Richemond fut tout-à-fait retenu à la maison par une faiblesse croissante. Son intérieur était égayé et transformé par l'hôte nouveau qui était venu sous son toit. Il aimait à s'occuper de ce cher petit être, sur les traits duquel il retrouvait un reflet de l'image bien-aimée de sa chère compagne. Il était touchant de voir l'affection mutuelle du vieillard et de l'enfant. Toutefois il n'y avait rien d'exclusif dans cette affection si légitime, et de Richemond témoigna toujours le même attachement à tous les membres de la famille, dont il était le chef vénéré. Il regretta vivement sa captivité forcée quand elle le priva d'assister à la consécration au saint ministère de son petit-neveu H. Meyer, cérémonie touchante qui fut suivie de près par le mariage du jeune pasteur (18 juillet 1867). Il s'associa cordialement au bonheur du nouveau couple, en contemplant les traits de leur fils (né le 25 mai 1868).

Il n'eut pas le même privilége pour sa seconde petite-fille (Joséphine-Noémie) que le Seigneur reprit neuf jours après sa naissance (3-12 mars 1868) et qui précéda son grand-père de bien près dans la tombe.

Il ne semblait pourtant pas que sa fin dût être si prochaine. Son état n'offrait rien de plus alarmant, sa faiblesse ne paraissait pas plus grande. Il avait toujours la même lucidité et la même puissance dans ses facultés intellectuelles, la même activité dans son esprit, la même vie dans son cœur. Dans sa retraite forcée, il était heureux de voir toute sa famille réunie autour de lui, et la présence éventuelle de ses petits-neveux Henri et Gustave Meyer lui avait été précieuse. Il s'était fait lire la thèse par laquelle ce dernier avait clos ses études théologiques. Il avait même témoigné une joie plus vive encore qu'à l'ordinaire en le voyant revenir. Il ne désirait plus, pour être entouré de tous les objets de ses affections, que l'arrivée de sa belle-sœur et de ses nièces qu'il attendait depuis plusieurs jours. Il avait fait des adieux solennels et touchants à son neveu et filleul Ernest Pichez, médecin de la marine de deuxième classe, appelé l'année précédente au poste de Saïgon (Cochinchine). Les dames Pichez vinrent le mercredi 5 août. Depuis le samedi précédent, un changement s'était produit dans sa santé, et, sans maladie sa faiblesse s'accrut d'une manière effrayante. Il reçut plusieurs visites de M. le pasteur Good, auquel il témoigna toujours beaucoup d'attachement, et qui vint prier avec lui. Il aimait à lui dire ce qu'il avait répété bien souvent depuis qu'il était retenu à la maison, que toutes les aggravations de son état de faibl.sse étaient autant d'avertissements que Dieu lui adressait. Il lui cita ce cantique qu'il affectionnait tout particulièrement :

> Heureux qui, mourant au Seigneur,
> Remet son âme à son Sauveur !

C'étaient les mêmes pensées qu'exprimait le cantique de Siméon qu'il avait choisi pour l'épitaphe de Mme Meyer, sa sœur. « Tu laisses aller ton serviteur en paix, car mes yeux ont vu ton salut. »

Environné de tous ceux qu'il aimait, donnant à chacun un témoignage d'affection, une preuve d'intérêt, ne se plaignant jamais, n'ayant d'autre préoccupation que d'éviter de la peine à ceux qui l'entouraient, le 5 août, il est descendu comme à l'ordinaire, il s'est assis à la table de famille, il n'avait d'autre souffrance qu'une faiblesse croissante contre laquelle il luttait avec une surprenante énergie, et il était heureux de voir réunis les membres de sa famille. Dans l'après-midi, il reprit comme un éclair de force, et se remit à tendre sa main à sa petite-fille qu'il chérissait vivement et à jouer avec elle ; mais cette amélioration ne dura qu'une heure à peine. La journée se termina, comme de coutume, par la lecture de la Sainte Parole et la prière faite à sa demande par son petit-neveu. Puis il annonça qu'il ne descendrait pas le lendemain. Sa faiblesse était telle que lorsqu'il voulut remonter dans sa chambre, ce ne fut qu'avec la plus grande difficulté qu'il put atteindre la dernière marche de l'escalier. Le docteur, son neveu, assistait à son coucher ; il consentit pour la première fois à se laisser déshabiller par lui. Le lendemain matin, il recommanda à son fils de se lever de bonne heure, expliqua avec une parfaite lucidité à son neveu Charles ce qu'il éprouvait, mais annonça l'intention de garder la chambre. Il répondit affectueusement à sa nièce Pichez qui vint s'informer comment il avait reposé. Puis il demanda sa tasse de chocolat ; mais au moment où elle lui fut présentée, il ne semblait plus avoir conscience de ceux qui l'entouraient. Un quart-d'heure après environ, à sept heures du matin, il rendit l'esprit en présence de ses enfants et de deux de ses neveux. Il s'était endormi au Seigneur avec une pleine paix, sans agonie et sans ombre de souffrance, ayant par une dernière précaution voilé son visage pour dérober sans doute à ses enfants le pénible spectacle de la suprême contraction de ses traits. Témoin de cette fin si douce, son neveu prononça ce beau passage : « Que je meure de la mort du juste et que mon avenir soit semblable au leur ! » La lecture du chapitre XV de la 1re épître aux Corinthiens et la prière répondirent aux besoins des cœurs.

Le 8 août, au milieu d'un nombreux et sympathique concours, il fut conduit à sa dernière demeure terrestre, et, suivant son désir, reçut les honneurs militaires dus par le pays à un vieux serviteur. M. le pasteur Good, dans des paroles émues dictées par le cœur et que nous regrettons de ne pouvoir reproduire, s'attacha à montrer dans quel sens la mort est un repos pour l'enfant de Dieu, et se fit l'organe des regrets de l'Église dont ce vénérable frère avait été, pendant tant d'années, un membre fidèle et un soutien, et de la famille qui perdait en lui son chef vénéré et bien-aimé.

Il est bien difficile à un fils d'esquisser le portrait de son père et d'un tel père, sans être troublé par une profonde émotion. Il n'a pas la liberté d'esprit nécessaire pour comprimer entièrement ses douloureuses impressions et formuler de sang-froid le jugement d'ensemble qu'on attendrait d'un biographe désintéressé. Mais il ne prétend point honorer la mémoire de son père par de froides pages qui, sous sa plume, pourraient paraître suspectes. Il ne veut que résumer des faits et fixer ses souvenirs, et, sans sortir de la réserve qu'il s'est imposée, laisser parler son cœur. Il tient à se recueillir en présence de cette image chérie, pour analyser ces qualités précieuses qui commandaient le respect et la sympathie.

S'il était permis d'appliquer à la créature le terme que le Sauveur réserve dans un sens absolu au seul Créateur, la bonté serait la caractéristique de cette aimable personnalité. Cette bonté, attestée par tous les marins qui ont servi sous ses ordres aussi bien que par tous ceux qui ont eu des relations personnelles avec lui, imprimait son cachet à tous ses actes, inspirait cette affectueuse bienveillance qui l'animait constamment, et se traduisait par toutes sortes de bons offices bien connus de tous ceux qui faisaient appel à cette infatigable obligeance, à ce besoin de se rendre utile, à ce véritable amour du prochain, joint à une préoccupation très-remarquable d'éviter pour lui-même de causer le moindre embarras, la moindre peine à ceux qui l'entouraient. Cette bonté, empreinte sur sa physionomie, se traduisait naturellement par ce vif sentiment des convenances, cette distinction, cette urbanité, cette politesse qui vient du cœur et qui caractérise les représentants de l'ancienne société française. Elle n'excluait ni la fermeté ni l'énergie, mais elle les tempérait et elle conduisait au pardon des offenses, à cet esprit chrétien et débonnaire qui le classait au nombre de ceux qui aiment et recherchent la paix.. Son caractère était toujours égal, aimable, plein d'entrain. Suivant la recommandation de l'Apôtre, « toutes les choses véritables, toutes les choses honorables, toutes les choses justes, toutes les choses pures, toutes les choses aimables, toutes les choses de bonne réputation, où il y a quelque vertu et qui sont dignes de louange, toutes ces choses occupaient ses pensées. » (*Philippiens* IV, 8). Il était très-adroit et savait tirer parti des moindres choses. Jamais il ne connut l'ennui, sa pensée étant toujours active.

Son esprit était cultivé, sa mémoire excellente, son jugement très-sûr. Sa conversation était attachante et variée. Il détestait la médisance, il possédait une rare discrétion et une véritable modestie. Il avait un esprit d'ordre et d'économie uni à une sage libéralité, une grande exactitude, une constante activité, un sens pratique, conséquence de l'étude des sciences exactes, pour lesquelles il avait une aptitude toute particulière.

Son style attestait une recherche de la concision sans sécheresse, de la netteté, de l'ordre, qualités essentiellement françaises. Un vif sentiment du devoir précis et rigoureux inspira toute une carrière d'honneur, de délicatesse et de désintéressement, consacrée au service du pays. D'austères et intimes convictions religieuses, toujours plus vivantes et plus profondes, le fortifièrent dans l'épreuve, dominèrent sa vie et firent briller au-dessus de son lit de mort les célestes espérances de la vie éternelle, la ferme assurance du bonheur et du repos dont il jouit maintenant dans le sein de son Dieu Sauveur!

L^t DE RICHEMOND.

NÉCROLOGIE.

MESCHINET DE RICHEMOND.

I

On annonce la mort à la Rochelle de M. S.-L. Meschinet de Richemond, capitaine de corvette en retraite, chevalier de la Légion d'honneur, âgé de 85 ans.

Tablettes des Deux-Charentes, 18 août 1868, *Journal de Saint-Jean d'Angély et Moniteur de la Flotte.*

II

M. Samuel-Louis Meschinet de Richemond, né à la Rochelle en 1783, entra dans la marine militaire à l'âge de seize ans, le 23 septembre 1799. Sa vie depuis cette époque fut des plus actives, et il comptait jusqu'à dix-sept embarquements, presque constamment en temps de guerre ; ainsi il fit les laborieuses campagnes de Saint-Domingue, en 1802-1803, la seule expédition navale de la République et de l'Empire qui ait complétement réussi ; attaché à la station des côtes d'Espagne de 1811 à 1813, après un combat acharné contre des forces supérieures, il fit sauter son navire avant que l'ennemi ait pu s'en approcher. Il prit part à la défense de Bayonne en 1814, contribua au blocus et à la reddition de Cadix en 1823. Au milieu du terrible hiver de 1833, le vaisseau qu'il montait en qualité de second, s'étant brisé sur les rochers de Parekia, dans la station du Levant, il se distingua par sa conduite pendant le naufrage, sauva la vie du commandant et, sur un équipage de six cents hommes, neuf seulement périrent victimes de leur imprudente insubordination.

Il fut successivement nommé chevalier du Mérite militaire (1825), de la Légion d'honneur (1831), capitaine de corvette en 1832 et fut mis à la retraite en 1835, après 420 mois et 15 jours de services effectifs.

La mort, qui est venu le frapper le 6 août 1868, a privé le Consistoire de la Rochelle de l'un de ses membres les plus assidus, et disons-le, le mieux au courant de toutes les questions et de tous les besoins. Les vertus domestiques de M. de Richemond l'avaient rendu plus cher encore à tous les membres de sa famille. Son désir de se rendre utile, le plaisir qu'il éprouvait à rendre service lui avaient concilié l'estime et la reconnaissance de tous, aussi a-t-il été vivement regretté comme homme et surtout comme homme de bien.

Revue de l'Aunis, de la Saintonge et du Poitou, 25 décembre 1868, page 388.

Notes fournies par M. L. Delayant, bibliothécaire de la ville de la Rochelle et professeur de philosophie au Lycée.

III

La marine comptait des officiers rochelais au blocus de Cadix. Dans le rapport adressé au Ministre par M. Galabert, commandant la corvette la *Moselle*, on lit : « Je dois » vous informer, Monseigneur, du zèle avec lequel j'ai été » secondé par mon état-major et mon équipage, et principalement par M. le lieutenant de vaisseau Meschinet » de Richemond ; j'en ai dans le temps rendu compte à » M. le vice-amiral Duperré, et j'aurai l'honneur de solliciter votre bienveillance en faveur de cet estimable » officier. »

Chevalier du Mérite militaire en 1825, membre de la Légion d'honneur en 1831 et capitaine de corvette en 1832, M. Meschinet de Richemond est décédé à la Rochelle le 6 août 1868, entouré de l'estime justement acquise à l'homme de bien, dont les sentiments aussi élevés que modestes réalisèrent cette devise : « Foi et devoir. » — Hippolyte VIAULT, *doyen de l'ordre des avocats de la Rochelle.*

Eloge de l'amiral Duperré, couronné par le Ministre de la marine et l'Académie de la Rochelle, 1869. Page 29.

IV

A Monsieur Louis de Richemond fils.

Mon cher collègue et ami,

A l'heure où vous achevez les biographies des *Marins rochelais* que j'ai lues et suivies dans le journal la *Charente-Inférieure*, vous me permettrez de vous adresser un reproche.

C'est un droit qui me paraît appartenir à l'amitié de nos pères. Tous deux étudièrent à Rochefort sous les mêmes maîtres : Romme, un habile dans les sciences mathématiques, et de Lespin, plus tard recteur de l'Université.

Si, par une réserve que je comprends et que j'apprécie, vous n'avez pas placé votre digne père à la date et au rang qui lui appartenaient dans cette galerie rochelaise, il me semble, à moi, permis de suppléer à ce silence. J'ai dit quelque part que M. de Richemond avait dans tout le cours d'une longue et honorable carrière réalisé cette devise : « *Foi et devoir.* » Laissez-moi donc maintenant montrer à l'œuvre cet homme modeste, obligeant et serviable, consciencieux et bon, dont la perte fut par tous si vivement sentie.

Samuel-Louis Meschinet de Richemond, fils d'un armateur de la Rochelle, naquit en notre ville le 10 juin 1783. A seize ans, il entre dans la marine militaire et embarque sur la bombarde le *Sphinx*.

Aspirant de seconde classe le 17 septembre 1800, après des examens subis devant l'illustre Monge, on le voit successivement et en cette qualité sur le vaisseau le *Foudroyant*, le cutter le *Renaud*, et la frégate l'*Embuscade*.

Attaché à la division de la Touche-Tréville, il fit la laborieuse campagne de Saint-Domingue, assista aux prises de Port-au-Prince et du fort Dauphin et sur la côte lutta longtemps contre les nègres insurgés. Il commanda deux goëlettes arrêtées par l'*Embuscade* durant ses croisières et lutta contre un autre ennemi, la fièvre jaune, échappant providentiellement au péril dont plus tard un Rochelais aussi, Henri SAILLARD, jeune lieutenant de vaisseau, devait être la victime quand l'avenir se présentait si fortuné devant lui.

L'*Embuscade* revenait en France lorsqu'elle fut, dans le golfe de Gascogne, avant la déclaration de guerre, amarinée par le vaisseau anglais le *Victory*, de 110 canons.

Prisonnier sur parole, de Richemond traverse l'Espagne et revient à Rochefort où il fut attaché à la division du port.

A ce moment, le collége de cette ville était créé. L'honneur de la parole donnée imposait l'inaction au jeune aspirant que le concours avait porté en 1804 à la première classe. S'il ne pouvait combattre l'ennemi avant un cartel d'échange, il pouvait du moins en préparer d'autres à cette noble tâche ; c'est ainsi qu'il occupe jusqu'en 1811 la chaire de mathématiques à cet établissement.

L'échange lui rendit alors toute sa liberté d'action. Enseigne sur le brick le *Flibustier*, qui le faisait compagnon du docteur Quoy, depuis Inspecteur général du service de santé de la marine, de Richemond fit la station de Bayonne, des côtes d'Ibérie et de Socoa, et devint en 1812 capitaine au 19e de flottille. La croisière du *Flibustier* fut interrompue par la rencontre d'une goëlette anglaise d'une artillerie supérieure renforcée de deux bricks de la même nation. Après un combat acharné, le *Flibustier*, brûlé sous Biarritz par l'ordre de son commandant, sauta sans que l'ennemi put du moins en approcher.

C'était le 13 octobre 1813.

Après un embarquement sur la *Mouche*, de Richemond commande en 1814 un bateau canonnier et contribue à la défense de la place de Bayonne, puis il devient capitaine du brick le *Lancier*.

On le trouve ensuite sur les navires la *Gironde*, l'*Epervier* et l'*Expéditive*. Pendant le séjour de cette dernière gabare dans la baie du Croc de Terre-Neuve, cet officier fut chargé d'inspecter nos pêcheries depuis cette baie jusqu'au cap d'Oignon.

Nommé lieutenant de vaisseau le 22 août 1821, il est successivement embarqué sur la flûte la *Seine* et la corvette la *Moselle*. Attachée en 1823 au blocus de la place de Cadix, la *Moselle* fut envoyée à San-Lucar, et de Richemond, spécialement chargé de l'armement des bateaux de flottille sous les ordres du commandant Galabert qui relatait sa conduite au ministre de la marine dans les termes suivants : « Je dois vous informer, Monseigneur, » du zèle avec lequel j'ai été secondé par mon état-major » et mon équipage et principalement par M. le lieutenant » de vaisseau Meschinet de Richemond. J'en ai, dans le » temps, rendu compte à M. le vice-amiral Duperré, et » j'aurai l'honneur de solliciter votre bienveillance en » faveur de cet estimable officier. »

Chevalier du Mérite militaire deux ans après, de Richemond fit trois campagnes sur le vaisseau le *Breslaw*, puis un voyage à la Martinique sur la frégate la *Caroline*.

Au retour, attaché à l'état-major général de Rochefort, on lui confia le dépôt de la bibliothèque, des plans et archives de la marine.

Chevalier de la Légion d'honneur en 1831, capitaine de corvette en 1832, il fait partie de la station du Levant décrite par le vice-amiral Jurien de la Gravière dans son livre : la *Marine d'autrefois, souvenirs d'un marin d'aujourd'hui*. Par un épouvantable ouragan, le 15 décembre 1833, le *Superbe* se perd à l'entrée de la rade de Parakia. Second du vaisseau, de Richemond se distingue avant, pendant et après le naufrage, sauve la vie de son commandant et l'honneur du pavillon.

M. Meschinet de Richemond comptait à ce moment trente-cinq ans de bons et loyaux services, lorsqu'il fut mis à la retraite le 1er janvier 1835.

Rentré dans ses foyers et toujours fidèle à ses principes de modestie, il y vécut au milieu des siens, dans un cercle d'amis, utilisant son expérience comme capitaine visiteur et expert du Lloyd français qui trouvait en lui l'agent le plus consciencieux et le plus éclairé.

Trente-trois ans s'écoulèrent ainsi ; puis, mon cher collègue et ami, vint le jour où Dieu vous dispensa la douleur.

Ce fut le 6 août 1868.

Adieu, et bien à vous.

Signé : Hippolyte VIAULT.

3 avril 1870.

V

Ce nom est un de ceux dont on a dit : Il y a sans doute des renommées plus éclatantes , mais on trouverait difficilement une carrière plus dignement remplie que celle de l'officier qui a réalisé la devise : *Foi et devoir*. Pour apprécier comme il convenait le capitaine de corvette Samuel-Louis Meschinet de Richemond , M. Viault a su allier l'éloquence du cœur à celle des lettres qui lui a valu récemment le premier prix au concours ouvert pour l'éloge de Duperré.

Alf. DONEAUD,

Professeur de littérature à l'Ecole navale de Brest.

Océan de Brest du 9 mai 1870.